LOGIQUE

BACONIENNE.

PÉZENAS, DE L'IMPRIMERIE DE GABRIEL BONNET.

LOGIQUE BACONIENNE,

OU

DES LOIS DU RAISONNEMENT

SELON LA MÉTHODE DE BACON.

PAR HENRI REBOUL,

CORRESPONDANT DE L'INSTITUT.

A PARIS,

CHEZ LEVRAULT, LIBRAIRE,

RUE DE LA HARPE, N. 81.

1834.

AVIS AU LECTEUR.

Ce Traité fort succinct est le hui-
tième livre d'un Essai sur l'histoire naturelle de l'entendement, ou *noologie*,
dont les six premiers livres sont consacrés à la description des phénomènes,
ou *noographie*, et les quatre autres
à l'examen des lois de l'entendement,
ou *noonomie*.

Au demeurant, ce Traité n'est pas
écrit pour les écoles, au moins tant
que ces écoles seront officielles. Dans
celles-ci on a coutume de vanter la
méthode de Bacon, mais on se garde
bien de la suivre.

LOGIQUE BACONIENNE.

CHAPITRE I.er

De la signification des mots logique et méthode.

Ces mots diffèrent par leur étymologie ; leur signification est la même.

La règle et la voie du raisonnement expriment cette même idée de la coordination des notions acquises par l'entendement afin de constituer la science.

La méthode n'est point, comme l'ont supposé quelques auteurs, une partie de la logique ; elle est la logique elle-même, c'est-à-dire l'exposition des lois du raisonnement.

CHAPITRE II.

Des Procédés logiques ou méthodiques.

On a fait beaucoup de raisonnemens avant qu'il y eut un Traité du raisonnement. Zénon d'Elée paraît être le premier des Grecs qui ait essayé ce sujet; plus tard est venu Aristote qui en a fait une science fort compliquée, disséquant les procédés de l'argumentation dans ses moyens les plus déliés, et portant le scalpel jusques dans le tissu des compositions oratoires et poétiques.

« Telle est, a dit ce philosophe, la nature de l'entendement humain, que si la lumière des perceptions nous manque, la science manque avec elle. Nous obtenons toutes les connaissances par l'induction et la démonstration. Celle-ci dérive des notions universelles, l'induction des perceptions particulières. Or, on ne peut s'élever à la contemplation des choses universelles que par l'induction (1). »

Comme le procédé démonstratif a été l'objet principal des recherches et des travaux d'Aristote, ses disciples n'ont fait autre chose pendant une longue suite de siècles, que forger des preuves à la science, telle qu'elle se trouvait faite, négligeant les procédés de l'induction, seuls capables de la réformer et de l'augmenter.

La science est arrivée ainsi informe et presque muette au temps de la restauration philosophique, où les leçons de Bacon et les exemples de Galilée et de Képler remirent en honneur les procédés de l'induction, qu'on accuserait à tort Aristote d'avoir méconnus.

L'abus qu'avaient fait les péripatéticiens du procédé démonstratif, s'est continué dans les nouvelles écoles en face de tous les progrès de la connaissance inductive, de telle manière qu'on pourrait dire qu'il existe en-

(1) Voyez de Gérando, *hist. comp. des systémes*, t. II, pag. 304.

core deux logiques dont l'une serait, selon l'expression de Bacon, celle de l'anticipation, et l'autre celle de l'induction ou interprétation (1).

« Deux routes, a dit Bacon, sont ouvertes à l'entendement pour la recherche de la vérité ; toutes deux partent des sensations et des notions particulières ; mais l'une s'élève tout d'un coup aux axiômes généraux, et en déduit les axiômes moyens ; l'autre suit au contraire une marche toujours ascendante, s'élève des notions particulières aux axiômes moyens et ainsi graduellement aux vérités les plus générales. » Cette méthode, ajoute Bacon, est la véritable, mais n'est point mise en pratique (2). Dans ces deux routes, l'entendement parcourt l'intervalle de l'expérience aux notions générales, d'une part en courant, de l'autre en comptant et en observant. »

(1) *Novum organum*, aph. 27, 28 29, et préface, pag. 42.

(2) *Id.*, aph. 19 et 22.

Quæ via vera est sed intentata.

La méthode d'induction ou d'interprétation est évidemment la seule légitime, c'est celle des naturalistes. Celle d'anticipation est familière aux métaphysiciens; elle est illégitime comme la métaphysique.

Fulleborn a dit que affirmer, douter et chercher, comprennent ce qui fait l'essence de toute philosophie (1). On doute avant de chercher, puisqu'on cherche parce qu'on doute, et on affirme quand le doute a été dissipé par la recherche.

CHAPITRE III.

Du Doute philosophique

La méthode inductive est celle qui procède du connu à l'inconnu. Le premier pas de cette méthode est donc la détermination du connu; avant cette détermination l'entendement est dans le doute.

(1) De Gérando, hist. comp. des systèmes philos., t. II, pag. 108.

Descartes avait mis en tête de sa méthode cette première règle : « qu'il ne faut jamais recevoir aucune chose pour vraie qu'on ne la connaisse évidemment être telle ; qu'il faut éviter soigneusement la précipitation et la prévention, et ne comprendre rien de plus dans ses jugemens que ce qui se présente si clairement à l'esprit qu'il n'y ait aucune occasion de le mettre en doute (1). »

Cette règle où se trouvent comprises les principales lois de la méthode, est, au demeurant, aussi ancienne que la philosophie ; elle a été nettement exprimée par Aristote et par Cicéron (2). Le doute, disent les Soufis (sectaires persans), est la clé du savoir.

Descartes a plutôt gâté que complété sa méthode en ajoutant à cette première règle trois autres qui sont demeurées sans usage à raison de leur insuffisance, et que J. Ber-

______

(1) Descartes, discours de la méthode.
(2) *Arché tes sophias apistia.* (Aristote.)
Illud teneto, nervos atque artus esse sapientiæ, non temere credere.

Cicero de petit. consul.

nouilli a traité d'insignifiantes et contradictoires (1).

Quoi qu'il en soit, si Descartes dans sa
métaphysique s'est conformé à ces trois der-
nières règles, il a dérogé essentiellement à
la première. L'abbé de Lamennais lui a jus-
tement reproché d'avoir conseillé d'abord
à l'homme de mettre sa raison au secret,
puis de lui donner la question pour lui faire
dire ce qu'elle ne sait pas (2). Descartes a
certainement mérité le dernier de ces re-
proches.

La règle de doute philosophique est re-
lative, non absolue. Douter de tout est une
absurdité, c'est douter si on doute; mais nous
doutons légitimement de ce que nous ne
pouvons actuellement savoir.

Douter d'un fait avant de l'avoir vérifié,

(1) *Hinc multoties non satis mirari potui, qui fieri
potuerit, ut tam incongruas tam absonas et inter se
pugnantes regulas, excepta sola prima, conderet
Cartesius, vir alias summi ingenii.*

J. Bern., *epist. ad Leibnitium.* 1696.

(2) Mélanges, pag. 536.

et douter de ceux dont la vérification ne peut être faite, c'est obéir à la loi du bon sens et de la pensée.

Les philosophes écossais qui soumettent le raisonnement à l'instinct ont dû rejeter ce principe qu'il faut douter avant de savoir. « Avec ce principe, dit le docteur Béattie (1), on établit la raison seule juge de la vérité, et on lui soumet jusqu'au sens commun. »

Mettre ainsi aux prises la raison et le sens commun, c'est blesser l'un et l'autre ; c'est établir deux raisons, ou plutôt c'est n'en admettre aucune.

Bacon a commencé comme Descartes l'examen des classes par le doute, ou l'acatalepsie (2), mais la suite de sa méthode est en harmonie avec son principe. Il doute avant de savoir, puis il s'élève graduellement d'une connaissance à l'autre en évitant toute anticipation.

(1) Béattie, on Truth, pag. 54, London, 1774

(2) *Ratio eorum qui acatalepsiam tenuerunt, et via nostra, initiis quodammodo consentiunt, exitu immensum disjunguntur et opponuntur.*

Nov. org., aph. 37.

Hume est demeuré sceptique entre les théories des matérialistes et des spiritualistes; jusques-là il a bien raisonné ; mais il est tombé en contradiction avec lui-même, lorsque admettant dans la conscience ou l'entendement la capacité de percevoir , il a révoqué en doute les relations de cause et d'effet qui nous sont immédiatement révélées par cette conscience ; révélation sans laquelle il n'y aurait ni perception, ni entendement , ni conscience.

— Locke raconte dans sa préface qu'après de longs et inutiles débats avec plusieurs de ses amis sur les questions philosophiques, il s'avisa d'examiner si avant de s'engager dans de pareilles recherches, il n'était pas nécessaire de sonder notre propre capacité, et de voir quels objets sont à notre portée ou au-dessus de notre compréhension (1). Cet examen autorise le sceptiscisme, mais il en pose la limite.

Le doute est légitime, mais réformable en

______

(1) Essai de Locke. Épitre au lecteur.

histoire naturelle , il est obligé et permanent en métaphysique ; celle-ci n'est donc pas une science.

On doute avant de savoir ce qui peut être su ; on est donc réduit à douter toujours de ce qu'on ne pourra jamais savoir. Le doute philosophique est dissipé par la science dans les questions rationnelles ; il demeure invincible dans les questions mystérieuses , à moins qu'on n'ait recours au dogme, et qu'on ne substitue la croyance à la science.

CHAPITRE IV.

De l'Induction.

« C'est l'induction, dit Aristote, qui nous conduit à abstraire par l'entendement, ce qui peut être séparé de la réalité, c'est-à-dire, la qualité du sujet (1). »

Or, un objet est identique à lui-même et différent des autres. Ce sont les rapports

(1) De Gérando, hist. comp des syst. de philos., t. II, pag. 304.

d'identité et de différence qui font trouver dans ce qui est connu les élémens ou moyens de la recherche de l'inconnu. En effet, toute notion acquise inductivement peut être assimilée à une équation.

« Le sujet quel qu'il soit, continue Aristote, est toujours tel ou tel. Il n'y a pas d'induction possible pour ceux qui sont privés des sens, c'est-à-dire , de la perception des choses particulières (1). »

On voit que ce grand philosophe n'a méconnu ni la véritable place, ni l'importance de l'induction, mais il s'est presque borné à l'indiquer, et a fixé principalement son attention et ses soins sur la démonstration dont la formule est le syllogisme.

C'est là ce qui a donné un si grand avantage à Bacon, qui à l'époque de la renaissance des lettres , est parti du même principe qu'Aristote, mais qui dégoûté des sophismes syllogistiques et de la vanité des notions anticipées, s'est arrêté à développer et pré-

______

(1) De Gérando , hist. comp. des syst. de phylos., t. II, pag. 304.

ciser les doctrines de l'induction, trop négligées par le chef des péripatéticiens, et mises en oubli par ses disciples.

Pour qu'une induction soit vraie et légitime, il faut d'abord qu'elle ait une base. Or cette base est indiscernable, s'il n'y a parmi les choses connues des rapports qui leur soient communs avec l'inconnu dont on fait la recherche. « Si un homme, dit la logique de Port-Royal, était aveugle de naissance, on se tuerait en vain à chercher des argumens pour lui faire avoir les vraies idées des couleurs, telles que nous les avons par les sens (1). »

(1) Logique de Port-Royal. méth. ch. 2.

« On lit aussi dans ce chapitre : « si l'aimant était un genre d'être tel que notre esprit n'en aurait point conçu de semblable, nous ne devrions pas nous attendre de le connaître jamais par le raisonnement, nous aurions besoin pour cela d'un autre esprit que le nôtre. »

L'exemple de l'aimant semble ici mal choisi, puisque ses phénomènes et leurs lois sont appréciables par l'expérience, mais c'est pour raisonner sur la nature de l'esprit que nous aurions besoin d'un autre esprit que le nôtre.

Ainsi la portée de l'induction ne s'étend pas au-delà des objets perceptibles. Comme il n'y a rien de connu par nous hors de ces objets, c'est dans leurs rapports seulement que se trouvent les moyens d'arriver à la connaissance de ce qui est inconnu.

Il y a des inductions fausses et illégitimes, comme il y en a de vraies et légitimes. La légitimité de l'induction est établie par cette règle de Descartes que l'esprit demeure convaincu, quand ce qui est affirmé d'une chose est contenu dans l'idée claire et distincte de cette chose.

Les logiciens de Port-Royal ont eu raison de dire que l'analyse consiste plus dans le jugement et l'adresse de l'esprit que dans des règles particulières (1). Il faut en croire ceux qui ont si laborieusement exposé ces règles.

On peut commettre dans l'induction les mêmes erreurs que dans la démonstration; et ces erreurs sont d'autant plus graves

____

(1) Logique de Port-Royal. méth. ch. 2.

qu'elles se rapprochent davantage du point où commence l'argumentation.

« Les propositions, a dit Bacon, n'ont aucune valeur, si elles sont fondées sur des notions confuses ou mal abstraites. Il n'y a d'espérance que dans l'induction légitime (1). »

La méthode de ce philosophe est clairement exposée dans une de ses lettres, où on lit : « Lorsqu'on a établi au moyen de l'induction les notions premières et les axiomes qui s'appuient sur elles, on peut sans danger faire usage du syllogisme, pourvu qu'on s'interdise de s'élever d'un saut aux choses les plus générales, et qu'on se fasse une loi d'y arriver progressivement et par une échelle convenablement graduée (2). »

L'induction est un jugement, lequel peut être analytique ou synthétique, et n'est jamais plus légitime que lorsqu'il se trouve

____

(1) *Nov. org. aph.* 14.

(2) Lettre au P. Balauzan, religieux Barnabite, professeur à Annecy, dans l'histoire de la vie et des œuvres de Bacon, par M. de Vaucelle.

completté par l'emploi de ces deux procédés.

Prenons pour exemple des procédés d'induction, ceux qui ont conduit les géologues à la notion ou théorie de la fusion primitive du globe terrestre.

Ce qu'il y avait de connu sur ce sujet, consiste : 1° En ce que la forme de la terre est celle d'un sphéroïde renflé à l'équateur et applati aux pôles, dans les proportions voulues par la loi du mouvement de sa rotation sur lui-même, en supposant que ce globe ait été originairement en fusion ; 2° en ce que les monumens fossiles des couches de sa superficie montrent dans les zones tempérées et froides, des corps dont les analogues ne vivent plus que sous la zone torride.

A ces indices du refroidissement de la terre, Buffon essaya de joindre celui qui résulte des phénomènes d'une chaleur centrale. Mais ces phénomènes mal connus alors et mal appréciés, firent naître de graves objections, et affaiblirent l'argumentation inductive.

Il n'en est plus de même aujourd'hui, et la masse des observations ne permet plus d'ignorer que la chaleur souterraine va croissant d'un degré pour moins de 100 pieds, à mesure qu'on se rapproche du centre.

L'induction qui repose sur ces trois faits connus et déterminés, est d'autant plus légitime, qu'elle est confirmée par ses rapports probables avec d'autres phénomènes, tels que ceux des eaux thermales, des éruptions volcaniques, des tremblemens de terre et des soulèvemens qui ont produit les montagnes.

CHAPITRE V.

De l'Analyse et de la Synthèse.

La troisième règle de la méthode de Descartes prescrit de mettre la recherche des choses simples avant celle des composées, ce qui se trouve en contradiction avec la règle fondamentale, qu'il faut procéder du connu à l'inconnu.

La nature ne nous offre guères que des objets composés ; pour les connaître il faut les décomposer ; ce préalable est nécessaire pour arriver à la recomposition.

Le procédé de décomposition est appelé *analyse* ; celui de composition est appelé *synthèse.*

Ces deux procédés ne sont au fonds que deux branches d'une même méthode (1), et le but de la recherche n'est jamais mieux accompli que lorsque les deux procédés se confirment réciproquement.

Il s'agit d'abord de découvrir la vérité , puis de prouver qu'elle est vérité. On découvre par voie d'induction analytique, on prouve par le syllogisme ou synthétiquement; le syllogisme est légitime quand la synthèse est fondée sur l'induction et non anticipée.

Fontenelle a observé que la méthode analytique adoptée par Newton , ne conduit pas

(1) Remarque de Thurot sur l'Hermès d'Harris , l. 1 , chap. 1.

toujours à des principes assez évidens. Il avoue que celle *a priori*, mise en pratique par Descartes, ne correspond pas toujours aux phénomènes tels qu'ils sont (1).

En admettant ce parallèle, qui n'est point exempt de partialité cartésienne, une science incomplette demeure toujours préférable à une fausse science.

L'analyse peut être imparfaite et insuffisante, mais l'erreur y est partielle, et la doctrine est facilement corrigée ; quand la synthèse est fausse, l'erreur est dans le principe : tout l'édifice s'écroule.

La synthèse n'est légitime qu'autant qu'elle a été préparée par l'analyse : celle qui procède *a priori* est radicalement vicieuse.

Elle est vicieuse parce qu'il n'y a point de notion innée ou antérieure à celles dont la connaissance est acquise par les opérations de l'entendement.

(1) Fontenelle, éloge de Newton.

CHAPITRE VI.

De l'Interprétation et de l'Anticipation.

Bacon a sagement substitué aux dénominations usitées et souvent mal appliquées d'analyse et de synthèse, celles plus méthodiques d'interprétation et d'anticipation ; car l'analyse et la synthèse légitimes entrent l'une et l'autre dans le procédé d'interprétation ; au lieu que l'anticipation est fautive dans son essence, quelle que soit sa forme.

Bacon ne s'étonne point que le procédé d'anticipation ait si souvent prévalu parmi les hommes, puisqu'il est de nature à séduire promptement l'imagination et à conquérir l'opinion (1).

(1) *Anticipationes ex paucis collectæ intellectum statim perstringunt et phantasiam implent.*
Nov. org. aph. 28.

Ce procédé qu'il assimile à la dialectique est, dit-il, d'un grand usage pour obtenir l'assentiment, non pour créer la science (1).

Prenons pour exemple la manière dont Descartes a considéré la psychologie.

Ce philosophe a commencé par déterminer quelle était la nature de l'entendement, ce qui ne pouvait se faire que par anticipation ; puis il a conclu très-légitimement de son axiôme, que les animaux ne pensent, ni ne sentent. Ici son principe, comme l'a dit Fontenelle, ne correspond pas aux phénomènes, et ce principe se trouve détruit radicalement par la fausseté de la conséquence.

Telle est l'inévitable destinée de toutes les psychologies faites *a priori.*

L'étude interprétative de l'entendement se compose d'abord de l'observation et de l'énumération des phénomènes de cette faculté dans tous les êtres qui en sont doués

______

(1) *Bonus est usus anticipationum et dialecticæ, quando opus est assensum subjugare, non res.*

Id. ap. 27.

plus ou moins; puis de la classification de ces phénomènes et des inductions que fournissent leurs rapports d'identité et de différence.

Si ces inductions ne peuvent s'élever jusqu'à la notion logique de la nature de l'entendement, la raison doit s'arrêter devant le mystère et faire place à la religion; car dans le passage de l'une à l'autre de ces doctrines, il n'y a rien d'intermédiaire.

Le règle fondamentale de l'interprétation est de circonscrire le sujet, et d'en élaguer tout ce qui serait mystérieux ou anticipé. Pour atteindre le but de la recherche, il faut en exclure tout ce qui est hors de la portée de l'interprétation (1).

Il suffirait de l'observation exacte de cette maxime de Bacon, pour ramener la science de l'entendement à son principe, en la tenant circonscrite dans le domaine de l'histoire naturelle.

____

(1) *Est enim interpretatio verum et naturale opus mentis, demptis iis quæ obstant.*
Nov. org. aph. 130.

Cette psychologie expérimentale et seule rationelle, serait simple, peu étendue et facilement intelligible. Les choses qui la rendent si confuse et lui font obstacle, *ea quæ obstant*, ce sont les conceptions spéculatives et hors de nature, dites, métaphysiques, dont chaque école a tenté de la surcharger, et dont la source est intarissable. En moins d'un siècle, les Platoniciens et les Cartésiens ont eu pour successeurs les Écossais, les Germaniques, les Éclectistes, et d'autres surviendront sans aucun doute.

CHAPITRE VII.

Des premières Notions acquises par l'entendement.

Les premières notions acquises sont celles des faits qui se manifestent et se démontrent d'eux-mêmes ; puis viennent celles des rapports de ces faits entre eux. Les notions de ces rapports servent de base à des notions nouvelles.

(27)

C'est ainsi que la géométrie nous conduit de l'étude des lignes à celle des surfaces, et de celle des surfaces à celle des solides.

Dans la série des êtres naturels, nous voyons d'abord des individus que nous réunissons en espèces, puis ces espèces forment comme de nouveaux individus dont la collection fait le genre (1).

Ce qui constitue la notion d'un objet, c'est la détermination de ses rapports d'identité et de différence.

Dans la notion du cube sont comprises toutes les conditions qui font le cube, et qui le distinguent des autres polyèdres. La notion du polyèdre est également fondée sur les rapports qui le font polyèdre et non sphère, cône ou cylindre.

Aucune de ces notions n'est simple. On n'arrive aux notions de cette espèce que par les procédés de l'abstraction et de l'analyse.

(1) *Axiomata a particularibus rite et ordine abstracta nova particularia rursus facile indicant et designant, itaque scientias reddunt activas.*

Nov. org. aph. 24.

Combien de lignes, de surfaces, de solides faut-il avoir considéré avant de se faire cette idée simple d'une ligne, d'une surface, d'un solide ? Ce qui est simple se trouve toujours parmi les inconnus, quand l'entendement commence à opérer, et il arrive souvent qu'on ne parvient point à le connaître.

Aristote qui dans ses écrits de logique prescrit de procéder du connu à l'inconnu, a pourtant commencé sa physique par les notions abstraites de la matière, de la privation et de la forme (1) ; c'est que la physique d'Aristote ressemble beaucoup à de la métaphysique. Ce fatal exemple de l'oracle du péripatétisme a retardé le progrès des sciences expérimentales jusqu'au seizième siècle.

Les rénovateurs de la méthode, Bacon et Descartes, ont aussi laissé apercevoir combien il était plus facile de poser des règles, que de s'y conformer dans la pratique. Bacon n'a pas été heureux dans ses excursions passagères sur le domaine des

______

(1) De Gérando ; hist. comp. des syst. philos., t. II, pag. 362.

sciences d'application ; Descartes dont les travaux d'analyse sont si admirables, quand il s'est trouvé enchaîné dans les formules mathématiques, a fait fausse route dès qu'il a pu s'abandonner à son imagination.

Hume a posé cette maxime incontestable : « tout ce qui est en contradiction avec les faits ne peut être que faux ; et il doit y avoir nécessairement quelque erreur au fond de l'argument, soit que nous soyons ou non en état de la découvrir (1). »

On ne peut raisonner que sur des faits, et tout raisonnement a pour objet de savoir : 1° s'il y a un fait ; 2° s'il est connu ou inconnu (2).

Le fait connu doit être établi et défini ; la notion est exprimée par la définition.

______

(1) Dugald Stewart, hist. abr. des sc. métaph., t. III, pag. 184.

(2) Le premier fait connu, celui de l'existence du moi et de l'univers, nous enseigne que Dieu est, non ce qu'il est. C'est pourquoi cette notion première et nécessaire, a été si diversement commentée par le sentiment dans les dogmes, et par l'imagination dans les sophismes.

CHAPITRE VIII.

Des Définitions.

BACON et Condillac en attaquant les dénominations aristotéliques de définitions, de
propositions, de syllogismes, ont fait la guer-
re plus aux mots qu'aux choses. La définition, la proposition, le syllogisme, expriment des formes de la pensée, et toutes
ces formes sont régulières quand les notions
qui y sont comprises dérivent d'une induction légitime.

« Les mots, dit Bacon, sont les signes
des notions (1). » Les mots par lesquels une
notion se trouve définie doivent donc l'exprimer telle qu'elle est, et la distinguer
de toutes les autres.

______

(1) *Propositiones ex verbis ; verba notionum tes-
seræ sunt. Itaque si notiones ipsæ (id quod basis
rei est) confusæ sunt et temere a rebus abstractæ,
nihil in iis quæ superstruuntur est firmitudinis.*
Nov. org. aph. 14.

Une notion est vraie quand elle est légitimement déduite des faits et des rapports connus ; elle est évidente quand elle est confirmée par le principe de contradiction, c'est-à-dire , quand la proposition contraire est évidemment fausse.

Aristote a dit : « que définir ce n'était pas démontrer, et qu'on n'obtenait aucune connaissance par la définition ; » mais il reconnaît qu'elle sert de base à la science (1).

En effet , la définition ne démontre rien, mais elle exprime ce qui est démontré, c'est-à-dire, une notion acquise.

Il n'y aurait point d'aliment aux disputes philosophiques, si les notions des objets perçus par la sensation , et celles qui dérivent des abstractions et conceptions de l'entendement , pouvaient être toutes définies avec la même rigueur. Par exemple, l'idée attachée au mot ciel, n'est nullement définie. L'idée attachée au mot étoile est moins dé-

____

(1) Analyt. post. , chap. 14, et de Gérando, hist. comp. , t. II, pag. 110.

finie que celles de soleil et de planète. La méthode de définition qui se rapproche le plus de celle des géomètres, est évidemment celle qui convient le mieux à la science.

« Les logiciens, dit Hobbes, font pour les noms ce que les arithméticiens font pour les nombres, et les géomètres pour les lignes (1). » Mais il est difficile de donner aux mots cette valeur qui les rend immuables.

Locke avoue qu'il est difficile de trouver des mots pour exprimer toutes les idées qui se présentent à l'esprit, et il ajoute, « que si tout mot employé dans les discours n'a pas une signification bien déterminée, et si cette détermination vient à subir quelque changement, on ne peut arriver qu'à des idées confuses et à un faux raisonnement (2). »

Quand les choses sont susceptibles d'être définies, telles qu'un animal, un arbre, une pierre, elles ne peuvent l'être de deux manières. Le nom qui les désigne exprime et remplace la définition ou énonciation de la

(1) V. Buhle, hist. de la philos., t. III, p. 202.
(2) Locke, essai. Épitre au lecteur.

notion acquise. Cette règle a été heureu-
sement appliquée à la nouvelle nomenclature des corps, tels que la chimie nous les
fait connaître.

Quand une chose dificile ou impossible
à définir est dénommée, c'est le nom qu'il
faut définir pour qu'il y ait, si non un fait
réel, au moins un fait de convention. « C'est
ainsi, dit la logique de Port-Royal, qu'on
a joint au mot ame une foule d'idées qui
ne sont pas comprises dans la définition
rationnelle de ce mot, lequel exprime seulement ce qui est en nous le principe de la
pensée (1). »

S'il se trouve quelque arbitraire dans
la définition des mots, il n'y en a point
dans la définition des choses. C'est une des
règles les plus essentielles de la logique,
qu'il ne faut pas confondre les définitions
obligées et positives avec celles qui sont seulement convenues ; mais il n'est pas moins
important de s'en tenir pour celles-ci aux

(1) Logique de Port-Royal, liv. 1 , chap. 12.

formes de la convention établie, pour qu'il n'y ait pas deux définitions d'une même chose.

Dans une langue bien faite, un mot ne doit pas avoir deux significations. Il en est de même quant au rapport des définitions aux choses définies, d'où se déduit cet axiôme aristotélique, « qu'une définition est bonne quand elle convient à tout le défini et au seul défini. »

Cette définition classique, l'homme est un animal raisonnable, ne convient ni au seul défini, puisque d'autres animaux ont de la raison, ni à tout le défini puisqu'on voit des hommes qui en sont privés, même constitutionnellement, tels que les Cretins; cette autre définition proposée par Lactance, l'homme est un animal religieux, convient bien au seul défini, mais non à tout le défini, puisqu'il y a beaucoup d'hommes non religieux.

Une définition faite *a priori* n'est légitime qu'autant qu'elle est seulement une définition de nom et conventionnelle.

Une définition de choses , ou positive, est nécessairement faite *a posteriori* ou par induction : un polyèdre , une plante, un animal ne peuvent être définis autrement.

Dans l'exemple déjà cité de la logique de Port-Royal, cette définition : « l'ame est ce qui est en nous le principe de la pensée, » ne renferme qu'une simple indication logique d'un objet qui demeure inconnu.

Ceux qui ont voulu définir cet inconnu avec les mots de force matérielle, ou de substance immatérielle et spirituelle, n'ont raisonné ni *a priori* ni *a posteriori*; ils ont fait une anticipation, puisque ces mots, substance, matière, esprit, restent eux-mêmes à définir.

Il est évident que la première condition d'une bonne définition est qu'elle soit exprimée avec des mots déjà définis; un mot qui n'est point défini ne peut servir d'élément à une notion quelconque, puisqu'il ne représente qu'un inconnu.

Voilà pourquoi Platon qui ne voyait de choses réelles que dans les essences de ces choses, sentait l'impossibilité de les définir ; celui-là, disait-il, serait un Dieu, qui parviendrait à bien définir et diviser (1).

Platon ne pouvait être bon logicien, il s'indignait d'être homme. Il était plus divin que sage.

CHAPITRE IX.

Des Propositions.

L'ÉNONCIATION d'un jugement est appelée proposition.

Toute définition est au fonds une proposition ; car une notion y est énoncée, et il n'y a point de notion qui ne résulte d'un jugement ; mais il y a peu de propositions qui ne soient complexes, et ne renferment à la fois plusieurs notions et définitions.

(1) *Quod habendus sit tanquam pro deo qui dividere et definire bene sciat , dixit Plato.*
Baco, *nov. org.* l. 2 , aph. 26.

La recherche de l'inconnu par le connu s'opère au moyen de l'enchaînement des propositions. Entre les premiers faits observés et les faits généraux, se trouve un grand espace que doivent occuper les propositions intermédiaires.

Bacon qui a voulu éviter toute participation à la nomenclature aristotélique, a donné à ces notions intermédiaires et graduées le nom d'axiômes moyens ; et il a parfaitement démontré combien ces axiômes étaient utiles et indispensables, tout en reconnaissant qu'il est impossible d'atteindre par leur enchaînement la marche si diversifiée de la nature (1).

Une proposition qui se trouve isolée de cet enchaînement est une anticipation de l'esprit non une interprétation de la nature (2).

---

(1) *Quia subtilitas naturæ subtilitatem argumentandi multis partibus superat.*

Nov. org. aph. 24.

(2) *Anticipatio naturæ res est temeraria et prematura.* *Id. , aph. 26.*

2

Bacon a proscrit la dialectique parce qu'il l'a vue uniquement consacrée au soutien des doctrines d'anticipation ; mais la vraie dialectique met en évidence le vice de ces doctrines, et fait éclater la vérité de celles d'interprétation.

Leibnitz a été plus juste envers Aristote quand il a reconnu dans sa logique, si décriée, dit-il, par le vulgaire, des moyens infaillibles de résister à l'erreur d'une argumentation rationnelle (1).

Au demeurant, ces règles de l'aveu de Leibnitz ne peuvent s'appliquer aux propositions seulement vraisemblables, et à cet égard, dit-il, notre logique demeure imparfaite.

Aristote n'avait pas poussé plus loin ses prétentions. Il était parvenu à distinguer les propositions d'interprétation de celles d'an-

______

(1) Car on n'a qu'à examiner l'argumentation selon ces règles, et il y aura toujours moyen de voir s'il manque dans la forme, ou s'il y a des prémisses qui ne soient pas encore prouvées par un argument.

Théodicée, discours prél., §. 27.

ticipation d'après leurs formes et les diverses combinaisons de leurs parties. La dissection qu'il en a faite, est un prodige de sagacité, mais aussi de subtilité.

La pratique de vingt siècles a fait voir suffisamment que cet immense labeur dialectique s'est trouvé, si non nuisible, du moins bien peu utile aux progrès de la science humaine.

Epicure l'avait prévu, et en réduisant aux règles du bon sens l'enchaînement des propositions, rien, avait-il dit, n'est plus frivole et plus inutile que cet art compliqué, que ces formules minutieuses imaginées par les dialecticiens; car les raisonnemens les plus abstraits ne diffèrent point par leur nature de ceux que suggère le sens commun (1).

Ainsi tout en rendant justice à cet ingénieux mécanisme de la dialectique, on peut en négliger le laborieux emploi.

Il convient de renvoyer à la grammaire les distinctions de sujet, d'attribut, de verbe,

____

(1) De Gérando, hist. comp. des syst., t. II, p. 137

qui constituent toute proposition, ainsi que la division des formes du discours en simples ou composées, complexes ou incomplexes, disjonctives ou conjonctives, affirmatives ou négatives, universelles ou particulières; puis en comparatives, incidentes et conditionnelles. Je crois devoir passer aussi sous silence l'exposition des règles propres à la conversion et à l'opposition des propositions, et aux conditions qui les rendent contraires, sous-contraires, subalternes et contradictoires.

Quant aux propositions vraies ou fausses, quelle lumière peut-on retirer de cet enseignement de dialecticiens, que celles-là sont vraies qui réunissent deux idées contenues en effet l'une dans l'autre; et que celles-là sont fausses qui font cette réunion avec la condition contraire. N'est-ce pas dire à-peu-près qu'une chose est vraie quand elle vraie ?

Dans cette proposition l'ame est un esprit. L'ame est la chose à définir et censée inconnue ; l'esprit est donc censé la chose connue. Or, qu'est-ce que l'esprit ? C'est, dit-on, ce qui pense. Mais l'ame est aussi ce qui pense ; ce qui réduit cette définition à la formule $A = A$, et prouve que rien n'est ajouté par cette définition à la notion de A.

Tous les logiciens sont d'accord sur l'emploi qui doit être fait des propositions, et sur la succession graduée des notions qu'elles doivent exprimer pour arriver à un terme plus avancé de la connaissance. Mais Bacon, a l'exemple d'Epicure, a exprimé cette règle fondamentale de la logique en termes simples et facilement intelligibles ; les dialecticiens l'ont commentée à leur manière, en la faisant consister dans l'observation de la contiguïté des temps et lieux, l'analogie des signes et des choses, les rapports des causes aux effets, des moyens aux fins, etc.

Les règles de la division d'une connaissance complexe, règles dont la nécessité a été sentie par tous les méthodistes, se trouvent comprises par les naturalistes dans cette distribution convenue des objets en espèces, genres, ordres et classes. Les divisions de

la dialectique , sont principales et secon-
daires , les unes complètes , nettes ou suc-
cintes, les autres graduelles , symétriques
et peu nombreuses. Elles embrassent d'ailleurs le monde réel, et le monde potentiel,
de manière à atteindre jusqu'aux substances.

Toutes ces distinctions subtiles qui avaient
pour objet d'éclairer la marche de l'esprit
humain, et de démasquer le sophisme, ont
eu pour résultat de substituer l'étude des
formes à celle du fonds des choses, et de
convertir en un labyrinte cette voie du raisonnement qui est si nettement indiquée
par les lois naturelles.

Qu'on ne m'accuse point d'éluder les
règles de la logique, en traitant de la logique; il n'y a de règles véritables que celles
qui sont utiles. Celles de l'ancienne dialectique, malgré toute leur justesse, n'ont guères servi qu'à fournir des expédiens à l'argumentation sophistique.

CHAPITRE X.

De la Démonstration et du Syllogisme.

LE syllogisme est l'instrument de la démonstration préparée par l'induction.

L'argumentation devient démonstrative, quand plusieurs propositions sont mises en rapport de manière à pouvoir être réduites à une seule par identité.

Bacon a reconnu ainsi qu'Aristote, la supériorité de la démonstration sur la simple induction ; mais sous la condition d'avoir pour base des notions bien établies (1).

Cette opération de l'esprit prend naturellement la forme syllogistique. On a fait des syllogismes de tout temps, et les enfans en font. Aristote n'en a point créé les règles, ils les a discernées dans l'analyse de

(1) *Demonstratio longe optima est experientia, modo hereat in ipso experimento.*

Nov. org. aph. 70.

1**

la proposition, comme il a discerné celles du discours et du poème en disséquant les compositions des orateurs et des poètes.

L'artifice de la forme syllogistique est fondé sur l'analogie de toute argumentation légitime, avec cet axiôme géométrique que deux choses dont chacune est égale à une troisième, sont égales entr'elles.

Si $A = B$ et si $B = C$, il s'en suit que $A = C$. Cette argumentation réduite à deux termes est un syllogisme contracté qu'on appèle enthymème.

On appèle sorite un syllogisme dilaté, c'est-à-dire, ayant un quatrième terme ; comme $A = B$, $B = C$, $C = D$; donc $D = A$.

Le dilemme est un autre forme d'argumentation qui se compose de plusieurs syllogismes accolés, d'après la division du tout en ses parties.

En voici des exemples : C'est un malheur que d'avoir à combattre ses passions ; c'est aussi un malheur que de leur céder. L'homme passionné est donc toujours malheureux ; l'ame est une émanation de l'être infini, ou elle en est une création; dans l'un et l'autre cas, son existence prouve celle de l'être infini , c'est-à-dire de Dieu.

La légitimité de l'argumentation porte avec elle des signes qui frappent immédiatement un esprit juste et méthodique.

Pascal réduisait les règles du syllogisme à ceux-ci, que l'une des prémisses contienne la conclusion, et que l'autre déclare qu'elle y est contenue; ce qui est aussi suffisant qu'évident. Mais Aristote a voulu se rendre compte de tous les cas où cette règle pouvait se trouver éludée ou violée; son travail est un prodige de sagacité, de patience et de subtilité. Il a établi huit règles générales d'où dérivent 64 modes possibles de syllogisme, dont dix seulement peuvent être concluans, mais ne le sont pas toujours. De ces dix modes , quatre sont affirmatifs et six négatifs. Viennent ensuite les règles particulières qui ont pour objet le rapport exact de la conclusion avec les prémisses, et la disposition du moyen terme, selon quatre cas différens (1).

(1) Ces quatre cas sont exprimés dans la dialec

Les dix modes de syllogisme qui peuvent être concluans étant appliqués aux quatre cas indiqués par les règles particulières, déterminent 40 nouveaux modes dont il se trouve que 21 doivent être exclus par cet examen.

Les 19 modes conservés ont été réduits par Bernouilli et d'autres dialecticiens, et les règles d'Aristote déjà si compliquées, ont subi de nouvelles dissections.

Cette anatomie subtile du raisonnement, en donnant les moyens de poursuivre le sophisme jusques dans ses retraites les plus cachées, a peut-être beaucoup contribué à multiplier ces retraites, et à rendre cette poursuite plus difficile. Il est d'ailleurs assez douteux que personne, sans en excepter son ingénieux auteur, en ait fait usage dans quelque recherche scientifique.

tique scholastique par le vers barbare qui suit :

Sub præ, tum præpræ, tum sub sub, denique præ sub.

Sub signifie ici *subjectum et præ predicatum.*

Cette doctrine est exposée fort clairement dans les élémens de philosophie de M. Genty, t. I, pag. 145.

Je me borne à lui substituer ce petit nombre de règles qu'en a déduit Dumarsais :

1° L'idée moyenne, c'est-à-dire, les mots qui l'expriment, doivent être pris au moins une fois universellement ;

2° Les termes ne doivent pas être pris plus universellement dans la conclusion qu'ils ne l'ont été dans les prémisses ;

3° On ne peut rien conclure de deux propositions négatives.

4° On ne peut pas prouver une conclusion négative par deux propositions affirmatives ;

5° Si une des prémisses est particulière, la conclusion doit être particulière ; et si une des prémisses est négative, la conclusion doit être aussi négative. On prescrit communément dans les écoles que la conclusion soit toujours la plus faible partie ;

6° On ne peut rien conclure de deux propositions particulières, c'est-à-dire, que de deux propositions particulières on ne saurait déduire une troisième proposition.

Essayons de convertir en syllogisme l'induction qui nous a servi d'exemple au chapitre IV.

Sans nous dissimuler que l'application de cette forme aux propositions seulement vraisemblables, laisse ainsi que l'a observé Leibnits, la démonstration toujours imparfaite.

Il reste démontré, d'après les calculs de Newton, Huyghens, Clairaut et autres géomètres, qu'un corps fluide ayant avec les dimensions et la masse de la terre un mouvement de rotation sur lui-même en vingt-quatres heures, prendrait nécessairement la forme d'un sphéroïde applati vers les poles et renflé vers l'équateur, de telle manière que l'axe polaire fut moindre d'environ $1/300^{me}$ que l'axe équatorial.

Cette majeure ou proposition générale étant posée, la mineure déclarant que telle est en effet la forme du sphéroïde terrestre, s'y trouve comprise et rend légitime ou du-moins très probable cette conclusion que la terre était à l'état fluide quand elle a commencé à rouler sur elle-même dans l'espace.

La preuve que cette fluidité primitive du globe terrestre a été ignée, est acquise de la même manière , par les indices du refroidissement de sa superficie et la progression croissante de sa chaleur souterraine, à raison d'un degré thermométrique pour moins de 100 pieds de profondeur.

Enfin , les rapports de cette chaleur interne, qui tient encore en fusion le noyau du globe terrestre, avec les phénomènes mentionnés au chapitre IV , donnent lieu à des probabilités qui peuvent être aussi exprimées d'une manière plus ou moins exacte sous la forme syllogistique.

CHAPITRE XI.

Des Sophismes.

Toutes les violations des règles du syllogisme sont des sophismes ; leur énumération serait aussi longue et superflue que celle de ces règles.

Il suffit que l'induction soit illégitime, pour que le syllogisme soit vicieux ; et les vices de l'induction sont faciles à indiquer.

Ces vices sont :

1° L'ambiguité des termes, quand un nom est pris dans chaque terme en des sens différens.

2° L'ignorance ou l'ambiguité (1) du sujet, ou quiproquo, quand la question est mal posée ;

3° La pétition de principe ou le cercle vicieux, quand on suppose vrai ce qui est mis en question ;

4° L'anticipation, ou vaine hypothèse, quand une cause est présumée sans motifs suffisans ;

5° Le dénombrement imparfait des parties du sujet ;

6° La conclusion du particulier à l'universel, de l'accident à l'essence, du pouvoir à l'acte, et de l'inconnu à l'inconnu.

Cette énumération pourrait être plus étendue, mais on peut aussi la réduire à deux

______

(1) *Ignoratio elenchi.*

vices principaux, auxquels viennent se rattacher tous les autres, ambiguité et l'anticipation.

Le syllogisme est toujours légitime, quand il n'y a ni ambiguité verbale ou réelle dans les termes, ni anticipation ou fausse supposition dans les prémisses.

Bacon a appelé idoles, les erreurs que commet l'esprit dans ses recherches sur l'interprétation de la nature. Il a mis sa doctrine des idoles en parallèle avec celle des sophismes de la dialectique (1).

Une première classe (*idola tribus*) comprend les erreurs que l'homme puise dans sa propre nature en jugeant les objets non tels qu'ils sont, mais tels qu'il les façonne dans son entendement. Car, dit Bacon, nos perceptions ont plus d'analogie avec nous-mêmes qu'avec l'univers. (2).

(1) *Doctrina de idolis similliter se habet ad interpretationem naturæ, sicut doctrina de sophisticis elenchis ad dialecticam vulgarem.*   Aph. 40.

(2) *Omnes perceptiones tam sensus quam mentis sunt ex analogia hominis, non ex analogia universi.*
    Nov. org. aph. 41.

Pascal a dit, au lieu de recevoir les idées en nous,

La deuxième classe (*idola specus*) se compose des erreurs de l'homme individuel qui considère les choses selon les préoccupations et prédispositions de son esprit, et, comme l'a dit Héraclite, dans un monde circonscrit et spécial, non dans l'univers (1).

nous teignons des qualités de notre être toutes les choses que nous contemplons.

La logique de Kant est fondée sur ce principe de l'assimilation que nous faisons des objets aux formes de notre entendement. Nous ne pourrions rien savoir sur les objets, si nous n'étions sujets à nous tromper à leur égard.

Le principe de la certitude est donc dans ces formes ou types de la pensée, non dans les opérations où les objets leur sont bien ou mal appliqués. On voit qu'il n'y a rien de bien nouveau dans cette prétendue découverte de Kant, que son biographe compare à celle de Copernic.

Voy. Stapfer, biogr. univ., t. XXII, pag. 240.

(1) *Unde bene Heraclitus, homines scientias quærere in minoribus mundis, et non in majori sive communi.*

Nov. org. aph. 41.

C'est ainsi que Bossuet et tant d'autres ont vu l'histoire universelle dans celle de la petite peuplade juive.

Bacon fait une troisième classe des erreurs qui proviennent de l'esprit d'association et de secte; (*idola fori*), et une quatrième (*idola theatri*, de celles qu'ont suggérées les premières études scholastiques et les théories ou dogmes philosophiques consacrés par la routine.

Il est dans la nature de l'homme de tout rapporter à lui-même. De-là dérivent ses erreurs sur les causes finales qu'il plie à ses besoins (1), et sur cette notion de l'infini qu'il se permet de diviser en plusieurs espèces, l'une *a parte post* l'autre *a parte ante* (2).

(1) *Causa finales sunt plane ex natura hominis potius quam universi.*   Aph. 48.

Il faudrait avoir étudié l'astronomie avec un esprit bien étroit pour s'imaginer que l'homme ait été l'unique objet des soins du créateur.

Herschel, traité d'astr., pag. 417.

On peut en dire autant de la géologie, qui nous fait voir l'homme absent de la terre, pendant les trois longues périodes de son histoire qui ont précédé la quaternaire ou anthropéïenne.

(2) Platon avait fait l'ame immortelle en la considérant comme une émanation, non comme une création de la divinité. Pour la faire créée et immor-

1***

L'homme est porté naturellement à croire vrai ce qu'il désire qui soit vrai ; son impatience lui fait rejeter les études difficiles, son ambition celles qui réduisent ses espérances. La superstition le tient éloigné des notions rationelles, il dédaigne les travaux pénibles de l'expérience et s'abandonne aux paradoxes de l'opinion vulgaire. (1).

Les erreurs des sens, lorsqu'elles ne sont point corrigées par l'expérience, appartien-

telle, il a fallu nécessairement scinder l'infini en deux. C'est pourquoi les dialecticiens du moyen-âge et Leibnits après eux, ont admis l'*infinitum a parte post* et l'*infinitum a parte ante*.

(1) L'exemple suivant de ce sophisme *(idola tribus)* aurait surpris Bacon lui-même.

Fichte pose le moi dans l'idéalisme absolu comme produit de lui-même par lui-même, comme création de sa propre volonté. Il semble qu'il n'y aurait d'autre Dieu que l'homme, ni d'autre produit que celui de son activité, capable de devenir pour lu un objet, quoique cet objet apparent, le monde, n'ait en lui-même aucune réalité.

Destination de l'homme de Fichte, traduit par M. Barchon.

nent aussi à cette première classe d'idoles (*idola tribus*).

Celles de la seconde classe ou individuelles (*idola specus*, ont pour principe la constitution propre de l'individu ou idiosyncrasie, et les impressions qu'il a reçues de son éducation ou de ses premières habitudes, quelquefois de simples accidens. L'homme est aussi porté à se complaire dans les théories dont il se croit l'auteur. C'est ainsi qu'Aristote a rendu sa physique vaine et contentieuse, en la réduisant à sa dialectique (1), et que les alchymistes ont créé tout un monde avec quelques produits retirés de leurs fourneaux; c'est ainsi que Gilbert qui avait étudié spécialement les propriétés de l'aimant, a rapporté à la force magnétique tous les phénomènes de l'univers.

Bacon a observé à ce sujet que certains esprits sont mieux disposés pour saisir les ressemblances des choses, d'autres pour en

---

(1) *Aristoteles naturalem suam philosophiam logicæ suæ ita mancipavit, ut eam fere inutilem et contentiosam reddiderit.* Nov. org. aph. 14.

3

observer les différences ; mais que les uns et les autres sont sujets à exagérer leurs spéculations, en les rendant trop générales ou trop minutieuses (1).

Il faut aussi remarquer qu'au lieu de s'attacher à la détermination des faits naturels, ceux-ci sont amis de la nouveauté, ceux-là partisans de l'antiquité, et que parmi les observateurs, les uns ont égard seulement aux parties élémentaires des corps, et les autres aux résultats de la combinaison de ces parties (2).

Bacon signale les erreurs de la troisième classe (*idola fori*), comme les plus fâcheuses de toutes. Elles consistent principalement dans l'abus des mots et leur fausse application aux choses. Les définitions étant ainsi viciées, comme il a été dit au chapitre VIII, le raisonnement manque par la base (3).

(1) *Utrumque autem ingenium facile labitur in excessum, prensando, aut gradus verum aut umbras.* aph. 55

(2) Aph. 56 et 57.

(3) Aph. 43, 59 et 60.

Les erreurs de l'esprit d'association et de secte dé-

Les erreurs de la quatrième classe embrassent toute une théorie. Les argumens particuliers ne peuvent suffire à redresser le vice d'une doctrine systématique et universelle ; c'est le principe qu'il faut changer. Quand l'esprit fait fausse route, plus il marche vite, plus il s'égare ; il est bientôt dépassé par le boîteux qui suit le bon chemin.

De ces erreurs dérivent trois espèces de fausse philosophie, dont les deux premières la sophistique et l'empirique peuvent être réduites en une seule, qui consiste à induire trop ou trop peu des faits qui servent de données, et la troisième, appelée superstitieuse, est fondée sur le mélange des notions profanes ou purement rationnelles, avec les mytérieuses ou révélées (1).

naturent l'histoire. Dans celle d'Angleterre, écrite avec tant de succès par le docteur Lingard, cet écrivain catholique s'escrime à nous faire entendre que les protestans furent persécutés et brûlés, sous le règne de Marie Tudor, sans qu'il y eut de persécuteurs, et assassinés en France, à Vassi et à la St.-Barthélemy, sans qu'il y eut d'assassins.

(1) Aph. 62.

Bacon voit un exemple de la philosophie sophistique dans celle d'Aristote, où la physique et la métaphysique sont réduites aux abstractions et aux fictions de la dialectique, et où l'expérience dont ce philosophe a fait un si bel usage en traitant l'histoire naturelle des animaux, est entièrement négligée; d'où il est résulté que les scholastiques l'ont entiè-rement abandonnée, pour se livrer à l'étude facile et oiseuse des axiômes *a priori* (1).

L'exemple de la philosophie empirique lui est fourni par les alchymistes, (2) qu'il faut bien distinguer de ceux qui cultivent la vraie science chimique, désignée par Bacon sous le nom de magie naturelle.

Il considère comme superstitieuses la philosophie de Pythagore et celle de Platon, où interviennent sans cesse les causes finales et premières, sans avoir égard aux moyennes. L'erreur, dit Bacon, quand elle est élevée jusqu'à l'apothéose, devient la peste de l'entendement (3).

(1) Aph. 63.
(2) Aph. 64.
(3) *Pessima enim res est errorum apotheosis et*

Et ce n'est pas seulement aux philosophes grecs qu'il reproche cet alliage du dogme et de la science rationnelle, mais aux modernes, qui avaient de son temps pris pour base de la physique le premier chapitre de la Genèse et le livre de Job.

Il y a plus de deux cents ans que Bacon a donné cette leçon à son siècle, et malgré son évidence, les théologiens et même quelques philosophes continuent à chercher dans la Genèse des explications astronomiques et géologiques (1).

pro-peste intellectus habenda est, si vanis accedat veneratio. Huic autem vanitati non nulli ex modernis summa levitate ita indulserunt, ut in primo capitulo geneseos, et in libro Job et aliis scripturis sacris philosophiam naturalem fondare conati sunt, inter viva quærentes mortua.... Ex divinarum et humanarum malesana admixtione, non solum educitur philosophia phantastica, sed etiam relligio heretica. Itaque fidei tantum dentur quæ fidei sunt.
Aph. 65.

(1) Voyez dans l'univers religieux de 1834, les lettres adressées à M. Letrone par un théologien anonyme, s'étayant de l'autorité géologique de M. Nérée Boubée.

L'autorité est inutile à prouver une doctrine rationnelle, autant que la raison est inhabile à prouver une proposition mystérieuse.

La philosophie ou science rationnelle navigue entre ces deux écueils du dogmatisme ou affirmation anticipée, et de l'acatalepsie ou doute universel. L'abus de la dialectique a fait les péripaticiens dogmatiques ; l'abus

L'entendement religieux a sa logique comme le rationnel, ou plutôt il est comme les autres modes de l'entendement, assujetti aux lois de cette véritable logique, qui est une et universelle. Or, celle-ci repose sur ces deux maximes :

Interdire à la raison toute intervention dans les doctrines mystérieuses ; se conformer à la raison dans les doctrines qui appartiennent à l'ordre scientifique.

Cette règle a été proposée par Pascal ; ce sont deux excès également dangereux, a dit ce pieux philosophe, d'exclure la raison et de n'admettre que la raison.   (Pensées, 2e part., art. 6).

Mais ce n'est pas ainsi que l'entendent les zélateurs du dogmatisme; leur logique est : que non-seulement l'autorité religieuse est souveraine dans les questions dogmatiques, mais aussi qu'il lui appartient de déterminer souverainement quelles sont les questions où elle est compétente. On voit que la raison du dogme a conduit les académiciens au scepticisme absolu (1).

Il existe une science, mais elle est bien limitée; pour bien apprécier ce qu'elle peut enseigner, il faut savoir ignorer ce qui n'est pas de son domaine (2).

n'a plus rien à prétendre après une telle interprétation; mais quelle peut être la destinée d'une doctrine qui prescrit un tel abandon de la raison ?

Le jeune clergé catholique s'adonne maintenant avec ardeur à l'étude des sciences, espérant peut-être d'y trouver le moyen de les soumettre à l'arbitrage du dogme. Le résultat de cette tentative ne peut manquer d'être favorable aux progrès de la vérité, en augmentant le nombre de ses prosélytes. Celle-ci n'a d'ailleurs rien à redouter d'un nouveau surcroît de sophismes, la vérité s'établit lentement mais se maintient; les erreurs, quelle que soit leur origine, n'ont qu'un temps et finissent par s'évanouir.

(1) *At nova academia acatalepsiam dogmatisavit et ex professo tenuit, quæ licet honestior ratio sit quam pronuntiandi licentia............ tamen postquam animus de veritate invenienda desperaverit, omnino omnia fiunt languidiora.*   Aph. 67.

(2) Leibnits après vingt ans de méditations, se flattait d'être parvenu à une démonstration métaphy-

Le spiritualiste allemand Fichte, propose de passer du doute à la science, puis de la science à la croyance (1).

Le vice de cette méthode saute aux yeux. La croyance qui est fondée sur la science est la science elle-même ; quant à celle qui s'élève au-dessus de la science, on y passe immédiatement du doute à l'autorité. Si la science venait à confirmer les décisions de l'autorité, ces décisions cesseraient d'être dogmatiques en devenant scientifiques.

S'il se trouve une contradiction entre la science et le dogme, cela provient nécessairement de quelque erreur de l'un ou de l'autre ; la science aura dépassé ses limites, ou le dogme aura usurpé sur le domaine rationnel. L'homme règne par la science sur la terre,

sique, qui pourrait être rendue sensible comme celle des nombres, quoique le sujet passe l'imagination.

Leibn. , *opera*, t. VI, pag. 258.

Tout grand qu'était Leibnits, il embrassait des nuages comme Ixion.

(1) Destination de l'homme de Fichte, trad. de M. Barchon.

mais il faut dans la croyance qu'il reprenne le rôle d'un enfant, pour entrer dans le royaume des cieux (1).

CHAPITRE XII.

Exemples du Sophisme Psychologique.

Le sophisme est obligé dans la discussion d'un problême que la raison ne peut résoudre.

Nous ne pouvons choisir d'exemple plus frappant de cette vérité que le plus célèbre des dialogues de Platon, celui ou Phédon raconte les derniers momens de Socrate, et expose la démonstration du spiritualisme.

Qu'on me pardonne de choisir cet exemple du sophisme dans la bouche de l'adversaire le plus prononcé des sophismes, et le plus célèbre de ses dialogues.

Socrate part de ce principe, que la mort est la séparation de l'ame et du corps; ainsi il

(1) *Regnum hominis fondatur in scientiis; ad regnum cœlorum nisi sub persona infantis intrare non datur.* Aph. 68.

débute par décider ce qui est en question (1).

De cette distinction de l'ame et du corps, Socrate conclut légitimement que l'ame étant pensante, raisonne bien mieux quand elle est seule que quand elle est unie au corps.

Cebes répond à cela qu'il faudrait avant tout s'assurer si l'ame survit au corps et ne se dissipe pas avec la vie, comme on le croit généralement.

Cette observation de Cebes réduit au néant la proposition fondamentale et en demande la preuve comme non encore avenue.

Voici maintenant cette preuve et le grand argument de Socrate :

Les contraires naissent des contraires ; ce qui est grand ou petit naît de ce qui est moins grand ou moins petit ; la veille du sommeil, le sommeil de la veille, et par conséquent la mort de la vie et la vie de la mort (2).

(1) Alléguer en preuve la chose même qui est en dispute, dit Locke, il n'y a rien qu'on ne puisse prouver par cette méthode.

Essai, l. 2, chap. 1.

(2) M. Dacier, le traducteur de Platon, justifie

Là conséquence immédiate de cette étrange démonstration, n'est rien moins que la métempsychose pythagoricienne ou égyptienne, en vertu de laquelle rien ne meurt réellement, ce qui prévient la fin de toutes choses ; car cette fin aurait lieu tôt ou tard si quelque chose pouvait s'anéantir ; il faut conclure de cette loi suprême que la mort n'est qu'une métamorphose, et que nos pensées sont de véritables réminiscences d'un état antérieur.

Socrate prouve la réminiscence en posant ce dilemme : ou l'idée est innée, ou elle est un souvenir, et comme il lui est facile de prouver qu'elle n'est pas innée, il adopte l'autre parti.

Mais il se pourrait qu'elle ne fut ni innée, ni réminiscence, et c'est en effet ce qui a lieu, puisque toute idée est acquise ; ainsi le dilemme est illogique ou sophistique.

cette doctrine par le passage où St. Paul dit au Corrinthiens. « Ne voyez-vous pas que ce que vous semez ne reprend point de vie, s'il ne meurt auparavant. »

Épit. aux Corinth. XV 36.

Il est peu surprenant que St. Paul ait platonisé.

Le théorie de la réminiscence et d'une vie antérieure une fois admise, Socrate en déduit logiquement l'immortalité de l'ame (1). A la rigueur, il n'aurait plus besoin d'autres preuves; car s'il est vrai, dit-il, que notre ame ait existé avant notre naissance, il faut de toute nécessité qu'en venant à la vie, elle sorte pour ainsi dire du sein de la mort; comment donc n'y aurait-il pas la même nécessité qu'elle existe encore après la mort, puisqu'elle doit retourner à la vie (2).

Voici maintenant quels sont les argumens

(1) Si l'argument de Socrate a quelque valeur, l'ame des animaux est immortelle comme celle de l'homme, ce qui, au demeurant, n'est pas contradictoire, quand la métempsychose et la doctrine de l'é-manation sont professées.

(2) Cet argument de Platon manque tout à fait à la psychologie moderne, parce qu'il ne peut s'accorder avec le dogme chrétien, et que la psychologie moderne n'est au fonds que ce dogme déguisé.

Ce dogme fait l'ame éternelle, *a parte post*, non *a parte ante*; et en cela il est sans doute irreprochable et dans son droit; mais c'est une entreprise insensée que de vouloir convertir en axiôme rationnel cette infinité mutilée ou quasi infinité.

auxiliaires de Socrate. « L'ame, » dit-il, « est invisible, donc elle est immatérielle, le corps obéit à l'ame, donc leur nature n'est pas la même. Le cadavre existe quelque temps après la mort, comment l'ame mourrait-elle plus vite que lui ? »

Socrate quitte ensuite le langage de l'argumentation pour celui de l'inspiration. Il expose le dogme égyptien sur le jugement et la purification des ames, et promet le paradis aux seuls philosophes, qu'il compare à ces Cygnes, oiseaux d'Apollon, ayant le pressentiment de leur métamorphose. C'est alors que Simmias, l'un des disciples, apercevant le faible de ces raisonnemens, invoque le secours d'une révélation qui vienne dissiper tous les doutes (1).

Socrate se fait ensuite adresser des objections. Ce même Simmias lui demande si l'ame ne serait point une harmonie provenant du juste mélange, du chaud, du froid, du sec et de l'humide ?

Cebes de son côté reconnaît l'évidence

____

(1) Cette révélation est venue et a mis les élus ou les saints à la place des philosophes.

de la vie antérieure, c'est-à-dire, de l'éternité de l'ame *a parte ante*, mais il doute fort de l'immortalité ou éternité *a parte post*.

Ces objections sont facilement résolues par la théorie des réminiscences, déjà admise par ces disciples.

On a peine à concevoir les subtilités que Socrate joint à cette démonstration ; comme, par exemple, que l'ame ne peut être une harmonie, parce que l'harmonie et la dissonance sont plus ou moins grandes, et qu'une ame ne peut être plus ou moins ame qu'une autre ; que notre ignorance des causes est telle, que quand on ajoute un à un, on ignore si c'est cet un ajouté qui deviendrait deux, ou si c'est celui auquel il a été ajouté ; que les belles choses ne sont belles qu'à raison de la présence du beau, ainsi que les grandes ne sont grandes que par la grandeur.

Si on me demande, dit ensuite Socrate, ce qui étant dans le corps fait qu'il est chaud, je dirai, non que c'est la chaleur, mais que c'est le feu ; si vous me demandez ce qui fait que le corps est malade, je répondrai non que c'est la maladie, mais que c'est la fièvre ; s'il s'agit de savoir ce que c'est qui fait le nombre impair, je ne vous répondrai pas que c'est l'imparité, mais l'unité.

Socrate frappe ensuite le dernier coup : ce qui ne reçoit jamais l'idée et forme du pair, c'est l'impair ; ce qui ne reçoit jamais le bien, c'est le mal ; ce qui ne reçoit jamais la mort, c'est l'immortel ; donc l'ame immortelle. L'ame ne peut mourir, non plus que le trois , ou autre nombre impair ne peut devenir pair, non plus que le feu ne peut devenir froid, ou la chaleur du feu devenir froideur (1).

Tout l'auditoire demeure convaincu par les démonstrations.

Socrate se livre alors sans réserve à son imagination ; il explique son système de cosmographie qui embrasse la terre, le ciel et les enfers ; et on ne peut disconvenir que ses fables valent beaucoup mieux que ses argumens.

____

(1) Ceci dépasse les bornes ordinaires du sophisme. C'en est la quintessence.

La poésie de ce dialogue est aussi admirable que sa dialectique est puérile (1).

Cicéron a reproduit la doctrine de Socrate dans sa première Tusculane, mais en rhéteur plutôt qu'en dialectitien. On sait que le sophisme n'est point déplacé dans l'oraison : c'est là son siége.

Chez les modernes, les moyens oratoires ont eu d'autant plus de crédit qu'ils se sont appuyés sur le dogme, mais la doctrine dogmatique est une, et la question rationnelle est autre. Quand il s'agit de raisonner, les déclamations, imputations, récriminations, exclamations, ne remplacent pas un bon syllogisme.

Si le syllogisme spiritualiste eut été trouvé par Platon, Descartes n'eut pas eu besoin de se mettre en souci pour en créer un autre ; et après Descartes, Reid, Kant, Fichte, Schelling, Hegel et nos éclectiques (2).

Pourquoi y a-t-il tant de doctrines spiritualistes ? C'est que ces doctrines sont des

(1) Ceci nous rappèle qu'Aristote classait les dialogues socratiques parmi les épopées.   Poét. chap. 1.

(2) Les médecins, dit M. d'Amiron, l'historien de l'éclectisme, devraient modifier leur système depuis

systèmes ; c'est qu'à défaut d'une interprétation légitime il faut recourir aux anticipations et à l'ambiguité des termes, c'est-à-
dire aux sophismes.

Cette considération s'applique tout aussi
bien au matérialisme systématique.

Le syllogisme explicatif de la nature de
l'entendement humain est encore à faire, si
toutefois il est faisable.

C'est donc au dogme qu'il appartient de
résoudre cette question mystérieuse.

CHAPITRE XIII.

Résumé.

Pour acquérir la connaissance, il faut
d'abord douter.

que la philosophie tout en admettant la sensation, a
saisi l'ame par la conscience, et l'a expliquée sans mys-
ticisme.   Hist. de la phil. de d'Amiron , pag. 197

Cette prétention des éclectistes à s'ériger en Newtons
de la psychologie, sera assurément un des plus nota-
bles ridicules de la sophistique du dix-neuvième siècle.

3***

Puis ne considérer comme connus que les faits à l'égard desquels l'examen a exclu le doute.

Puis s'élever de ces faits connus aux inconnus, par voie d'induction ou d'interprétation.

Fixer par la définition, toute notion acquise et la valeur des termes employés à l'exprimer.

Construire la proposition avec des termes suffisamment définis.

Déduire par le syllogisme d'une proposition généralement démontrée, les propositions particulières qui s'y trouvent comprises; et surtout éviter dans les procédés de l'argumentation, l'emploi des propositions anticipées et des termes ambigus.

Telle est la logique baconienne; celle qu'on a coutume d'enseigner comme préliminaire de la psychologie, mériterait d'être définie: l'art de déguiser les anticipations par l'ambiguité des termes.

FIN.